나의 사랑하는 필사성경

사복음서

__________ 님에게

손으로 쓴 성경 말씀을
주님의 이름으로
축복하며 드립니다

나의 사랑하는 필사성경 : 사복음서

엮은이 | 두란노 편집부
초판 발행 | 2020. 11. 5
3쇄 발행 | 2020. 11. 7
등록번호 | 제1988-000080호
등록된 곳 | 서울특별시 용산구 서빙고로 65길 38
발행처 | 사단법인 두란노서원
영업부 | 2078-3352 FAX | 080-749-3705
출판부 | 2078-3331

책값은 뒤표지에 있습니다.
ISBN 978-89-531-3892-6 04230 Printed in Korea
(세트) 978-89-531-3893-3 04230
독자의 의견을 기다립니다.
tpress@duranno.com www.duranno.com

두란노서원은 바울 사도가 3차 전도여행 때 에베소에서 성령 받은 제자들을 따로 세워 하나님의 말씀으로 양육하던 장소입니다. 사도행전 19장 8-20절의 정신에 따라 첫째 목회자를 돕는 사역과 평신도를 훈련시키는 사역, 둘째 세계선교(TIM)와 문서선교(단행본·잡지) 사역, 셋째 예수문화 및 경배와 찬양 사역, 그리고 가정·상담 사역 등을 감당하고 있습니다. 1980년 12월 22일에 창립된 두란노서원은 주님 오실 때까지 이 사역들을 계속할 것입니다.

나의 사랑하는 필사성경

사복음서

마태 · 마가 · 누가 · 요한

필사하는 이 :

시작한 날 : . . .

마친 날 : . . .

40th
두란노

• 일러두기

1. 《나의 사랑하는 필사성경》은 성도들이 가장 사랑하는 성경 본문을 한 권씩 낱권 필사하기 위해 기획되었습니다.
2. 성경 각 권의 말씀을 필사하기 전에 이해를 돕기 위해 해당 본문의 개요를 수록했습니다.
3. 성경 본문 구성은 장과 절을 표기해 두었고, 개역개정 말씀을 근거로 배치되었습니다.
4. 사복음서 중 좋아하는 성경 본문을 먼저 필사해도 상관없습니다.
5. 성경 한 장을 다 쓰고 나면, 소리내어 성경을 읽어 보면서 오타나 잘못 표기된 곳이 없는지 점검하고 수정하면 좋습니다. 조용히 필사한 후 소리내어 읽을 때 말씀의 이중 은혜가 있습니다. 시간을 정하고 쓰되, 너무 오랜 시간 집중하지 않도록 조절하십시오.

필사를 시작하는 기도

말씀으로 오신 주님,

오늘부터 말씀을 필사하기 원합니다.

마음과 뜻과 정성을 다해

필사할 수 있도록 은혜 주옵소서.

말씀을 읽고 또박또박 쓰면서

말씀이 머리로, 머리에서 마음으로,

마음에서 삶으로 이어지게 하옵소서.

이 한 권의 필사를 마치는 날까지

주님과 더 가까이 만나고

깊이 사귀는 은혜를 소망하며

예수님의 이름으로 기도드립니다. 아멘

활용하기

1. 《나의 사랑하는 필사성경》은 나의 사랑하는 사람들에게 선물해 보세요. 한 권 한 권 사랑하는 본문을 골라 다 쓰고 난 후 기도의 마음을 담아 "세상 하나뿐인 성경"으로 선물할 수 있습니다. 전도하고 싶은 가족, 중보기도 대상자, 작정기도 중인 분들을 위해 기도하며 말씀으로 응원하세요. 말씀은 살아 움직이는 힘이 있습니다.

2. 《나의 사랑하는 필사성경》을 작정기도 중일 때 활용해 보세요. 하루하루 작정기도를 마치고 나서 필사 시간을 정해 말씀을 쓰면서 주님의 응답을 들어 보세요. 주님은 말씀으로 우리의 기도에 응답하십니다.

3. 《나의 사랑하는 필사성경》을 인생의 중요한 일을 앞두고 써 보세요. 또는 투병 중인 환우들, 결혼을 앞둔 커플들, 독립하거나 미래를 위해 떠나는 자녀들을 위해 한 줄 한 줄 말씀을 써 보세요. 선물로 주든 내가 간직하든 필사를 통해 마음이 치유되고 소망과 기쁨이 말씀 위에 단단히 세워지는 것을 경험할 것입니다.

4. 《나의 사랑하는 필사성경》을 모아 보세요. 가족이나 소그룹 구성원들과 함께 나눠서, 만나지 못할 때 각자의 자리에서 한 권씩 시작하고 성경을 모아 가정이나 소그룹의 신앙 유산으로 간직하고 물려주세요. 누구든 말씀으로 인생의 변환점을 목도하게 될 것입니다.

○ 필사를 시작하기 전에 글씨 크기와 줄 간격을 확인해 보세요.

1 아브라함과 다윗의 자손 예수 그리스
도의 계보라
2 아브라함이 이삭을 낳고 이삭은 야곱
을 낳고 야곱은 유다와 그의 형제들
을 낳고
3
4
5
6
7
8
9
10
11
12
13
14
15
16
17
18

사복음서 개요

신약은 구약의 약속들이 성취되었다는 기록이다. 신약의 첫 네 권인 마태, 마가, 누가, 요한복음은 예수님이 우리를 구원하기 위해 오신 하나님의 아들로 그를 믿는 자에게 구원이 있다는 복음을 공통적으로 다루어 '사복음서'라 불린다. 요한복음을 제외한 3개 복음서는 공통된 관점으로 예수의 생애와 복음을 바라본다고 하여 공관복음(共觀福音)이라고도 한다.

사복음서의 대주제는 공통 요소이지만 저자마다 예수님을 바라보는 시각이 조금씩 다르다. 저자들의 배경, 대상 독자, 기록하는 주제와 목적도 차이가 있다. 저자의 직업에 따라 대상 독자가 다르고, 독자에 따라 기록 방식과 예수님에 대한 묘사도 다르다. 마태복음은 왕이신 예수님, 마가복음은 종으로 오신 예수님, 누가복음은 인자 예수님, 요한복음은 하나님의 아들 예수님으로 묘사된다. 이는 각 책의 신학적 관점에도 영향을 주어, 마태복음은 주님의 부활, 마가복음은 주님의 승천, 누가복음은 성령의 다시 오심, 요한복음은 재림에 대한 약속으로 결론을 맺는다.

사복음서에서 공통 내용 분량은 마태복음과 누가복음이 비슷하고, 마가복음은 거의 대부분이 공관복음의 내용에 해당한다. 그에 비해 요한복음은 요한복음에서만 볼 수 있는 내용들이 압도적으로 많다. 분량도 책별로 달라서, 마태복음과 누가복음은 28장과 24장으로 예수님의 말씀과 비유들도 자세히 소개되는 반면, 마가복음은 16장으로 가장 짧은 복음서로 실제적이고 핵심적인 내용을 빠르게 전개한다. 예수님과 복음에 대해 많이 다루든 적게 다루든 사복음서를 처음부터 다 읽고 나면 예수님의 다양한 말씀과 사건, 복음을 한층 더 깊고 풍성하게 알 수 있다. 비슷한 이야기들이 반복되어도 사복음서를 통해 예수님을 더 깊이 만날 수 있기에 그 의미는 충분하다.

마태복음

저자 : 마태

대상 : 유대인

목적 : 유대인들이 간절히 기다리고 있던 구약의 메시아가 예수님임을 입증하기 위함이다.

주제 : 예수는 메시아 즉 왕이시다.

구절 : 주는 그리스도시요 살아 계신 하나님의 아들이시니이다(마 16:16).

내용 : 유대인 세리였던 마태는 예수님을 만나 제자가 되었고 사복음서 중 가장 많은 분량을 할애하며 자세하게 예수님의 행적을 담았다. 마태가 증명하고자 했던 예수는 구약의 메시아요 유대인들이 기다리던 하나님의 아들 예수였기에, 마태복음 곳곳에서 구약의 예언들이 인용되고 예언이 성취되었다는 '선포'가 많다. 그에 따라 과거 시제를 주로 쓰여 복음 전파도 '설교'에 가깝다. 예수님의 '설교'에 강조점을 두었고, 전체적으로 예언과 계시의 성격이 강하며 '이루어진'이라는 단어를 핵심적으로 사용했다. 예수님의 족보와 탄생, 갈릴리에서의 사역, 그리고 십자가 고난과 죽음에서 부활을 다루는데 그중 예수님의 행적에 대부분의 분량을 할애한다. 특징적인 것은 교회에 대해 강조하면서, 예수님의 다시 오심에 대한 종말을 언급하면서 사복음서 중 유일하게 '천국'이라는 단어를 사용하는 것이다. 천국 비유(13장)와 공동체 삶에 대한 말씀(18장)은 필사하면서 유심히 묵상해 볼 부분이다.

1

2

3

4

5

6

7

8

9

10

11

12

13

14

15

16

17

18

19

20

21

22

23

24

25

2

2

3

4

5

6

7

8

9

16

10

11

17

18

12

13

19

20

21

14

22

15

23

3

2

3

4

5

6

7

8

9

10

11

12

13

14

15

16

17

4

2

3

4

5

6

7

8

9

10

11

12

13

14

15

16

17

18

19

20

21

22

23

24

25

5

2

3

4

5

6

7

8

9

10

11

12

13

14

15

16

17

18

19

20

21

22

23

24

25

26

27

28

29

30

31

32

33

34

35

36

37

38

39

40

41

42

43

44

45

46

47

48

6

2

3

4

5

6

7

8

9

10

11

12

13

14

15

16

17

18

19

20

21

22

23

24

25

26

27

28

29

30

31

32

33

34

7

2

3

4

5

6

7

8

9

10

11

12

13

14

15

16

17

18

19

20

21

22

23

24

25

26

27

28

29

8

2

3

4

5

6

7

8

9

10

11

12

13

14

15

16

17

18

19

20

21

22

23

24

25

26

27

28

29

30

31

32

33

34

9

2

3

4

5

6

7

8

9

10

11

12

13

14

15

16

17

18

19

20

21

22

23

24

25

26

27

28

29

30

31

32

33

34

35

36

37

38

10

2

3

4

5

6

7

8

9

10

11

12

13

14

15

16

17

18

19

20

21

22

23

24

25

26

27

28

29

30

31

32

33

34

35

36

37

38

39

40

41

42

11

2

3

4

5

6

7

8

9

10

11

12

13

14

15

16

17

18

19

20

21

22

23

24

25

26

27

28

29

30

12

2

3

4

5

6

7

8

9

10

11

12

13

14

15

16

17

18

19

20

21

22

23

24

25

26

27

28

29

30

31

32

33

34

35

36

37

38

39

40

41

42

43

44

45

46

47

48

49

50

13

2

3

4

5

6

7

8

9

10

11

12

13

14

15

16

17

18

19

20

21

22

23

24

25

26

27

28

29

30

31

32

33

34

35

36

37

38

39

40

41

42

43

44

45

46

47

48

49

50

51

52

53

54

55

56

57

58

14

2

3

4

5

6

7

8

9

10

11

12

13

14

15

16

17

18

19

20

21

22

23

24

25

26

27

28

29

30

31

32

33

34

35

36

15

2

3

4

5

6

7

8

9

10

11

12

13

14

15

16

17

18

19

20

21

22

23

24

25

26

27

28

29

30

31

32

33

34

35

36

37

38

39

16

2

3

4

5

6

7

8

9

10

11

12

13

14

15

16

17

18

19

20

21

22

23

24

25

26

27

28

17

2

3

4

5

6

7

8

9

10

11

12

13

14

15

16

17

18

19

20

21

22

23

24

25

26

27

18

2

3

4

5

6

7

8

9

10

11

12

13

14

15

16

17

18

19

20

21

22

23

24

25

26

27

28

29

30

31

32

33

34

35

19

2

3

4

5

6

7

8

9

10

11

12

13

14

15

16

17

18

19

20

21

22

23

24

25

26

27

28

29

30

20

2

3

4

5

6

7

8

9

10

11

12

13

14

15

16

17

18

19

20

21

22

23

24

25

26

27

28

29

30

31

32

33

34

21

2

3

4

5

6

7

8

마태복음 21:9~21:21

9

10

11

12

13

14

15

16

17

18

19

20

21

22

23

24

25

26

27

28

29

30

31

32

33

34

35

36

37

38

39

40

41

42

43

44

45

46

22

2

3

4

5

6

7

8

9

10

11

12

13

14

15

16

17

18

19

20

21

22

23

24

25

26

27

28

29

30

31

32

33

34

35

36

37

38

39

40

41

42

43

44

45

46

23

2

3

4

5

6

7

8

9

10

11

12

13

14

15

16

17

18

19

20

21

22

23

24

25

26

27

28

29

30

31

32

33

34

35

36

37

38

39

24

2

3

4

5

6

7

8
9

10

11

12

13

14

15

16

17

18

19

20

21

22

23

24

25

26

27

28

29

30

31

32

33

34

35

36

37

38

39

40

41

42

43

44

45

46

47

48

49

50

51

25

2

3

4

5
6
7
8
9
10
11
12
13
14

15
16
17
18
19
20
21
22

23

24

25

26

27

28

29

30

31

32

33

34

35

36

37

38

39

40

41

42

43

44

45

46

26

2

3

4

5

6

7

8

9

10

11

12

13

14

15

16

17

18

19

20

21

22

23

24

25

26

27

28

29

30

31

32

33

34

35

36

37

38

39

40

41

42

43

44

45

46

47

48

49

50

51

52

53

54

55

56

57

58

59

60

61

62

63

64

65

66

67

68

69

70

71

72

73

74

75

27

2

3

4

5

6

7

8

9

10

11

12

13

14

15

16

17

18

19

20

21

22

23

24

25

26

27

28

29

30

31

32

33

34

35

36

37

38

39

40

41

42

43

44

45

46

47

48

49

50

51

52

53

54

55

56

57

58

59

60

61

62

63

64

65

66

28

2

3

4

5

6

7

8

9

10

11

12

13

14

15

16

17

18

19

20

마가복음

저자 : 마가

대상 : 로마인

목적 : 메시아를 기다리지 않았던 로마인들에게 예수 그리스도를 소개하기 위함이다.

주제 : 예수는 종으로 오셔서 우리에게 생명을 주셨다.

구절 : 인자가 온 것은 섬김을 받으려 함이 아니라 도리어 섬기려 하고 자기 목숨을 많은 사람의 대속물로 주려 함이니라(막 10:45).

내용 : 저자 마가는 바울과 베드로와 함께 복음 전도 사역을 했으나, 열두 제자에 속하지는 않았다. 베드로가 복음 전도를 할 때 로마에서 통역을 했다고 알려져 있다. 사복음서 중 가장 먼저 기록되었다고 추정하고, 가장 분량이 짧다. 마태복음에 설교가 많았다면, 마가복음은 행동 중심이요 핵심 내용만 담고 있다. 대부분의 내용이 공관복음의 공통 주제들이지만 족보나 탄생 등의 도입부 없이 예수님의 행적이 빠르게 전개되어 '곧', '즉시'와 같은 단어들이 자주 등장한다.

1절 "예수 그리스도의 복음의 시작"이라는 말씀에서 '예수 복음'이라 불리기도 하는데 요한에게 세례 받으시고 난 뒤 광야에서 시험 장면이 나온다. 간결하게 기록한 데 비해 '종으로 오신 예수님'께 초점을 맞추고 있다. 하지만 '예수님의 능력'에 강조점을 두면서 '기적'을 많이 다루는데 이것은 종으로 오신 예수님이 하나님의 아들이라는 '신성'을 드러낸다. 독자였던 로마인들은 도대체 예수가 누구인지, 무슨 능력을 갖고 있는지 궁금했기 때문이다.

16장이지만 마가는 예수님의 십자가에서의 죽음과 부활을 총 6장으로 할애하면서 종으로 오셔서 죽으시고 부활하심으로 우리에게 생명을 주셨음을 강조한다. 십자가 사건은 사복음서 중 가장 생생하면서도 자세하게 기록되었고, 부활을 다룸으로써 복음의 핵심을 간명하게 증거했다고 볼 수 있다. 사복음서를 필사할 때 순서가 정해진 것은 아니지만, 마태복음에서 마가복음으로 이어지면 앞서 들은 이야기들의 요약 중심이라 필사에 좀 더 집중할 수 있을 것이다.

1

2

3

4

5

6

7

8

9

10

11

12

13

14

15

16

17

18

19

20

21

22

23

24

25

26

27

28

29

30

31

32

33

34

35

36

37

38

39

40

41

42

43

44

45

2

2

3

4

5

6

7

8

9

10

11

12

13

14

15

16

17

18

19

20

21

22

23

24

25

26

27

28

3

2

3

4

5

6

7

8

9

10

11

12

13

14

15

16

17

18

19

20

21

22

23

24

25

26

27

28

29

30

31

32

33

34

35

4

2

3

4

5

6

7

8

9

18

10

19

11

20

12

21

13

22

14

15

23

24

16

25

17

26

27

28

29

30

31

32

33

34

35

36

37

38

39

40

41

5

2

3

4

5

6

7

8

9

10

11

12

13

14

15

16

17

18

19

20

21

22

23

24

25

26

27

28

29

30

31

32

33

34

35

36

37

38

39

40

41

42

43

6

2

3

4

5

6

7

8

9

10

11

12

13

14

15

16

17

18

19

20

21

22

23

24

25

26

27

28

29

30

31

32

33

34

35

36

37

38

39

40

41

42

43

44

45

46

47

48

49

50

51

52

53

54

55

56

7

2

3

4

5

6

7

8

9

10

11

12

13

14

15

16

17

18

19

20

21

22

23

24

25

26

27

28

29

30

31

32

33

34

35

36

37

8

2

3

4

5

6

7

8

9

10

11

12

13

14

15

16

17

18

19

20

21

22

23

24

25

26

27

28

29

30

31

32

33

34

35

36

37

38

9

2

3

4

5

6

7

8

9

10

11

12

13

14

15

16

17

18

19

20

21

22

23

24

25

26

27

28

29

30

31

32

33

34

35

36

37

38

39

40

41

42

43

44

45

46

47

48

49

50

10

2

3

4

5

6

7

8

9

10

11

12

13

14

15

16

17

18

19

20

21

22

23

24

25

26

27

28

29

30

31

32

33

34

35

36

37

38

39

40

41

42

43

44

45

46

47

48

49

50

51

52

11

2

3

4

5

6

7

8

9

10

11

12

13

14

15

16

17

18

19

20

21

22

23

24

25

26
27

28

29

30

31

32

33

12

2

3

4

5

6

7

8

9

10

11

12

13

14

15

16

17

18

19

20

21

22

23

24

25

26

27

28

29

30

31

32

33

34

35

36

37

38

39

40

41

42

43

44

13

2

3

4

5

6

7

8

9

10

11

12

13

14

15

16

17

18

19

20

21

22

23

24

25

26

27

28

29

30

31

32

33

34

35

36

37

14

2

3

4

5

6

7

8

9

10

11

12

13

14

15

16

17

18

19

20

21

22

23

24

25

26

27

28

29

30

31

32

33

34

35

36

37

38

39

40

41

42

43

44

45

46

47

48

49

50

51

52

53

54

55

56

57

58

59

60

61

62

63

64

65

66

67

68

69

70

71

72

15

2

3

4

5

6

7

8

9

10

11

12

13

14

15

16

17

18

19

20

21

22

23

24

25

26

27
28
29
30
31
32
33
34
35
36
37
38
39
40
41
42
43

44

45

46

47

16

2

3

4

5

6

7

8

9

10

11

12

13

14

15

16

17

18

19

20

누가복음

저자 : 누가

대상 : 헬라인(그리고 데오빌로)

목적 : 죄인을 구원하러 오신 하나님의 아들 예수 그리스도를 선포하기 위함이다.

주제 : 하나님의 아들 예수님이 오셔서 죄인들을 찾아 구원하신다.

구절 : 인자가 온 것은 잃어버린 자를 찾아 구원하려 함이니라(눅 19:10).

내용 : 의사 누가에 대한 정보는 별로 소개되어 있지 않지만, 누가복음과 사도행전의 저자로 신약에서 중요한 인물이다. 누가복음은 예수님의 사건이 많은 자료와 증언들을 바탕으로 연대기식으로 서술되었다. 인자 예수를 증거하기 위해 예수님의 행적들이 역사적으로 그 시기에 실제 일어난 일들임을 증거하여 타복음서에서 잘 볼 수 없는 근거들을 접할 수 있다. 그만큼 '인자'라는 단어가 많이 사용되고, 인자가 죄인들을 구원하기 위해 온 것은 '은혜'임을 강조한다. 마태복음이 예언 중심이었다면, 누가복음은 역사 중심으로 예수님의 '인성'을 자세히 볼 수 있다. 마태복음에서 예수님의 족보가 구약에서부터 시작되었다면, 누가복음은 예수님에게서부터 시작해 구약으로 거슬러 올라가는 구조를 보인다. 의사인 직업 특성상 의학적인 용어들이 타복음서에 비해 많이 나오고, 병자나 약자, 소외된 자들에 대한 기록도 눈여겨볼 만하다. 예수님의 기도하시는 모습과 승천 후 성령에 대한 약속의 말씀은 누가복음에서 놓칠 수 없는 대목이다.

1

2

3

4

5

6

7

8

9

10

11

12

13

14

15

16

17

18

19

20

21

22

23

24

25

26

27

28

29

30

31

32

33

34

35

36

37

38

39

40

41

42

43

44

45

46

47

48

49

50

51

52

53

54

55

56

57

58

59

60

61

62

63

64

65

66

67

68

69

70

71

72

73

74

75

76

77

78

79

80

2

2

3

4

5

6

7

8

9

10

11

12

13

14

15

16

17

18

19

20

21

22

23

24

25

26

27

28

29

30

31

32

33

34

35

36

37

38

39

40

41

42

43

44

45

46

47

48

49

50

51

52

3

2

3

4

5

6

7

8

9

10

11

12

13

14

15

16

17

18

19

20

21

22

23

24

25

26

27

28

29

30

31

32

33

34

35

36

37

38

4

2

3

4

5

6

7

8

9

10

11

12

13

14

15

16

17

18

19

20

21

22

23

24

25

26

27

28

29

30

31

32

33

34

35

36

37

38

39

40

41

42

43

44

5

2

3

4

5

6

7

8

9

10

11

12

13

14

15

16

17

18

19

20

21

22

23

24

25

26

27

28

29

30

31

32

33

34

35

36

37

38

39

6

2

3

4

5

6

7

8

9

10

11

12

13

14

15

16

17

18

19

20

21

22

23

24

25

26

27

28

29

30

31

32

33

34

35

36

37

38

39

40

41

42

43

44

45

46

47

48

49

7

2

3

4

5

6

7

8

9

10

11

12

13

14

15

16

17

18

19

20

21

22

23

24

25

26

27

28

29

30

31

32

33

34

35

36

37

38

39

40

41

42

43

44

45

46

47

48

49

50

8

2

3

4

5

6

7

8

9

10

11

12

13

14

15

16

17

18

19

20

21

22

23

24

25

26

27

28

29

30

31

32

33

34

35

36

37

38

39

40

41

42

43

44

45

46

47

48

49

50

51

52

53

54

55

56

9

2

3

4

5

6

7

8

9

10

11

12

13

14

15

16

17

18

19

20

21

22

23

24

25

26

27

28

29

30

31

32

33

34

35

36

37

38

39

40

41

42

43

44

45

46

47

48

49

50

51

52

53

54

55

56

57

58

59

60

61

62

10

2

3

4

5

6

7

8

9

10

11

12

13

14

15

16

17

18

19

20

21

22

23

24

25

26

27

28

29

30

31

32

33

34

35

36

37

38

39

40

41

42

11

2

3

4

5

6

7

8

9

10

11

12

13

14

15

16

17

18

19

20

21

22

23

24

25

26

27

28

29

30

31

32

33

34

35

36

37

38

39

40

41

42

43

44

45

46

47

48

49

50

51

52

53

54

12

2

3

4

5

6

7

8

9

10

11

12

13

14

15

16

17

18

19

20

21

22

23

24

25

26

27

28

29

30

31

32

33

34

35

36

37

38

39

40

41

42

43

44

45

46

47

48

49

50

51

52

53

54

55

56

57

58

59

13

2

3

4

5

6

7

8

9

10

11

12

13

14

15

16

17

18

19

20

21

22

23

24

25

26

27

28

29

30

31

32

33

34

35

14

2

3

4

5

6

7

8

9

10

11

12

13

14

15

16

17

18

19

20

21

22

23

24

25

26

27

28

29

30

31

32

33

34

35

15

2

3

4

5

6

7

8

9

10

11

12

13

14

15

16

17

18

19

20

21

22

23

24

25

26

27

28

29

30

31

32

16

2

3

4

5

6

7

8

9

10

11

12

13

14

15

16

17

18

19

20

21

22

23

24

25

26

27

28

29

30

31

17

2

3

4

5

6

7

8

9

10

11

12

13

14

15

16

17

18

19

20

21

22

23

24

25

26

27

28

29

30

31

32

33

34

35

36

37

18

2

3

4

5

6

7

8

9

10

11

12

13

14

15

16

17

18

19

20

21

22

23

24

25

26

27

28

29

30

31

32

33

34

35

36

37

38

39

40

41

42

43

19

2

3

4

5

6

7

8

9

10

11

12

13

14

15

16

17

18

19

20

21

22

23

24

25

26

27

28

29

30

31

32

33

34

35

36

37

38

39

40

41

42

43

44

45

46

47

48

20

2

3

4

5

6

7

8

9

10

11

12

13

14

15

16

17

18

19

20

21

22

23

24

25

26

27

28

29

30

31

32

33

34

35

36

37

38

39

40

41

42

43

44

45

46

47

21

2

3

4

5

6

7

8

9

10

11

12

13

14

15

16

17

18

19

20

21

22

23

24

25

26

27

28

29

30

31

32

33

34

35

36

37

38

22

2

3

4

5

6

7

8

9

10

11

12

13

14

15

16

17

18

19

20

21

22

23

24

25

26

27

28

29

30

31

32

33

34

35

36

37

38

39

40

41

42

43

44

45

46

47

48

49

50

51

52

53

54

55

56

57

58

59

60

61

62

63

64

65

66

67

68

69

70

71

23

2

3

4

5

6

7

8

9

10

11

12

13

14

15

16

17

18

19

20

21

22

23

24

25

26

27

28

29

30

31

32

33

34

35

36

37

38

39

40

41

42

43

44

45

46

47

48

49

50

51

52

53

54

55

56

24

2

3

4

5

6

7

8

9

10

11

12

13

14

15

16

17

18

19

20

21

22

23

24

25

26

27

28

29

30

31

32

33

34

35

36

37

38

39

40

41

42

43

44

45

46

47

48

49

50

51

52

53

요한복음

저자 : 요한

대상 : 모든 사람

목적 : 예수님은 하나님의 아들이심을 증거하고, 성도들에게는 예수님과의 풍성한 관계를 갖도록 하기 위함이다.

주제 : 성자 예수님을 믿으면 생명을 얻고 영생한다.

구절 : 오직 이것을 기록함은 너희로 예수께서 하나님의 아들 그리스도이심을 믿게 하려 함이요 또 너희로 믿고 그 이름을 힘입어 생명을 얻게 하려 함이니라(요 20:31).

내용 : 사도 요한은 요한복음과 요한서신, 계시록의 저자로 요한복음을 가장 먼저 썼다. 요한복음은 예수님에 대한 믿음이 흔들리는 성도들과 온 세상 사람들에게 예수님은 하나님의 아들이시고 구원자이시니 믿고 영생을 얻으라고 권하기 위해 기록되었다. 이를 위해 요한은 사건보다는 예수님에게 온전히 집중하여 신학적 관점에서 해석하는 깊이를 보인다.

요한복음은 크게 일곱가지 표적과 일곱 가지 기독론으로 구분된다. 특히, 기록을 뒷받침하여 교리를 신학적으로 깊이 있게 풀어내면서도 공관복음에서 다루지 않은 독자적인 내용들이 요한복음의 정체성이기도 하다. '믿음'이라는 단어를 98회나 사용하면서 요한은 믿음이란 성자 예수님을 통해서만 얻을 수 있고, 그 믿음을 우리로 하여금 생명의 삶을 살게 한다고 소개한다. "예수께서 사랑하시는 그 제자"라고 하실 만큼 어부 출신인 사도 요한이 쓴 요한복음은 복음의 핵심을 잘 담았다.

예수님이 누구인지, 예수님을 믿고 어떻게 살아야 하는지 답을 얻기 원할 때, 신앙을 처음 갖게 되었을 때 요한복음을 읽고 쓰기를 권한다. 영원한 생명은 현재의 삶에서 하나님께 순종하고 하나님과 깊이 교제할 때 누리는 것으로 영원한 생명의 삶을 위해 현재의 삶에서 어떻게 살아야 하는지를 배우게 된다.

1

2

3

4

5

6

7

8

9

10

11

12

13

14

15

16

17

18

19

20

21

22

23

24

25

26

27

28

29

30

31

32

33

34

35

36

37

38

39

40

41

42

43

44

45

46

47

48

49

50

51

2

2

3

4

5

6

7

8

9

10

11

12

13

14

15

16

17

18

19

20

21

22

23

24

25

3

2

3

4

5
6
7
8
9
10
11
12
13
14
15
16
17
18
19
20

21

22

23

24

25

26

27

28

29

30

31

32

33

34

35

36

4

2

3

4

5

6

7

8

9

10

11

12

13

14

15

16

17

18

19

20

21

22

23

24

25

26

27

28

29

30

31

32

33

34

35

36

37

38

39

40

41

42

43

44

45

46

47

48

49

50

51

52

53

54

5

2

3

4

5

6

7

8

9

10

11

12

13

14

15

16

17

18

19

20

21

22

23

24

25

26

27

28

29

30

31

32

33

34

35

36

37

38

39

40

41

42

43

44

45

46

47

6

2

3

4

5

6

7

8

9

10

11

12

13

14

15
16
17
18
19
20
21
22
23
24
25
26
27
28
29
30
31

32

33

34

35

36

37

38

39

40

41

42

43

44

45

46

47

48

49

50

51

52

53

54

55

56

57

58

59

60

61

62

63

64

65

66

67

68

69

70

71

7

2

3

4

5

6

7

8

9

10

11

12

13

14

15

16

17

18

19

20

21

22

23

24

25

26

27

28

29

30

31

32

33

34

35

36

37

38

39

40

41

42

43

44

45

46

47

48

49

50

51

52

53

8

2

3

4

5

6

7

8

9

10

11

12

13

14

15

16

17

18

19

20

21

22

23

24

25

26

27

28

29

30

31

32

33

34

35

36

37

38

39

40

41

42

43

44

45

46

47

48

49

50

51

52

53

54

55

56

57

58

59

9

2

3

4

5

6

7

8

9

10

11

12

13

14

15

16

17

18

19

20

21

22

23

24

25

26

27

28

29

30

31

32

33

34

35

36

37

38

39

40

41

10

2

3

4

5

6

7

8

9

10

11

12

13

14

15

16

17

18

19

20

21

22

23

24

25

26

27

28

29

30

31

32

33

34

35

36

37

38

39

40

41

42

11

2

3

4

5

6

7

8

9

10

11

12

13

14

15

16

17

18

19

20

21

22

23

24

25

26

27

28

29

30

31

32

33

34

35

36

37

38

39

40

41

42

43

44

45

46

47

48

49

50

51

52

53

54

55

56

57

12

2

3

4

5

6

7

8

9

10

11

12

13

14

15

16

17

18

19

20

21

22

23

24

25

26

27

28

29

30

31

32

33

34

35

36

37

38

39

40

41

42

43

44

45

46

47

48

49

50

13

2

3

4

5

6

7

8

9

10

11

12

13

14

15

16

17

18

19

20

21

22

23

24

25

26

27

28

29

30

31

32

33

34

35

36

37

38

14

2

3

4

5

6

7

8

9

10

11

12

13

14

15

16

17

18

19

20

21

22

23

24

25

26

27

28

29

30

31

15

2

3

4

5

6

7

8

9

10

11

12

13

14

15

16

17

18

19

20

21

22

23

24

25

26

27

16

2

3

4

5

6

7

8

9

10

11

12

13

14

15

16

17

18

19

20

21

22

23

24

25

26

27

28

29

30

31

32

33

17

2

3

4

5

6

7

8

9

10

11

12

13

14

15

16

17

18

19

20

21

22

23

24

25

26

18

2

3

4

5

6

7

8

9

10

11

12

13

14

15

16

17

18

19

20

21

22

23

24

25

26

27

28

29

30

31

32

33

34

35

36

37

38

39

40

19

2

3

4

5

6

7

8

9

10

11

12

13

14

15

16

17

18

19

20

21

22

23

24

25

26

27

28

29

30

31

32

33

34

35

36

37

38

39

40

41

42

20

2

3

4

5

6

7

8

9

10

11

12

13

14

15

16

17

18

19

20

21

22

23

24

25

26

27

28

29

30

31

21

2

3

4

5

6

7

8

9

10

11

12

13

14

15

16

17

18

19

20

21

22

23

24

25

나의 사랑하는 필사 말씀 모음

필사를 하는 동안 마음에 와닿은 말씀들을 따로 모아 적어 둡니다.
해당 본문에서 말씀으로 주님이 어떻게 다가오셨는지 한눈에 확인할 수 있습니다.
적어 두면 날아가지 않습니다.

나의 사랑하는 필사 일기

필사하는 동안 드렸던 기도제목과 기억에 남는 에피소드를 적어 두세요.
다음 기회에 또 자연스럽게 필사를 시작할 수 있습니다.
신앙 유산으로 남기거나 선물할 경우 귀한 도전과 감동이 됩니다.

필사를 마치며 드리는 기도

한 권의 필사를 마치면서 주님께 감사기도를 드려 보세요.
어떤 말씀과 어떤 기도의 응답을 받았는지, 주님과 말씀으로
독대하면서 어떤 은혜들을 받았는지 솔직하게 고백해 보세요.